AF370046

Lettres patentes du ROY, CONTENANT

DEFENCES FAITES A TOV-
tes personnes, de quelque qualité
qu'ils soyent, de mener, conduire
& transporter cy apres au pays de
l'obeissance du Roy d'Espagne, &
de l'Archiduc de Flandres, aucunes
marchandises soit par mer ou par
terre.

Publié à Rouën le quatorziéme iour de Fe-
urier mil six cens quatre.

A ROVEN,

Chez MARTIN LE MESGISSIER,
Libraire & Imprimeur ordinaire du Roy,
au haut des degrez du Palais.

1604.

(2)

ENRY par la
grace de Dieu Roy
de France & de
Nauarre. A tous
ceux qui ces pre-
sentes lettres ver-
ront, Salut. Apres que le Placart publié au mois de Feurier & d'Auril de
l'annee derniere de la part de nos tres
chers freres le Roy d'Espagne & les
Archiducs de Flandres touchant le
fait du commerce fut venu à nostre
cognoissance, ne pouuant nous per-
suader que l'on voulust assubiettir
nos subiects à l'obseruation d'iceluy,
d'autát que c'estoit couuertemét leur
interdire le commerce aux pays de
nosdits freres, nous laissasmes couler
quelque temps , durant lequel nous
commandasmes à nos Ambassadeurs
residans aupres de nosdits freres de
s'en esclarcir auec eux, & nous en rendre certains : & ayans sçeu tant par les

A ij

responses faites à nosdits Ambassadeurs que par les contraintes desquel-
les l'on a vsé depuis enuers nosdits
subiets, pour leur faire payer l'imposition de trente pour cent, & les assubiettir aux conditions & rigueurs or-
donnees par ledit placart qu'ils en-
tendoient y comprendre nosdits subiets, nous prismes resolution d'ordon-
ner pour garder quelque equalité au
maniemét & entrecours du commerce entre nosdits subiets & ceux de
nosdits freres, par nos lettres de declaration du mois de Nouembre ensui-
uant, que les marchandises mention-
nees par icelles venans des Royaumes
& pays dudit Roy d'Espagne, & de
ceux qui obeissent ausdits Archiducs
en cestuy nostre Royaume, comme
celles qui seroient tirees & transpor-
tees d'iceluy ausdits pays, payeroient
la mesme imposition de trente pour
cent qu'ils faisoient leuer sur nosdits

ſubiects en vertu dudit placart, mais
depuis nous auons recognu que leſdi-
tes leuees continuant de part & d'autre ruynent & deſtruiſent entieremét
noſdits ſubiects qui trafiquent auſdits
pays, tant pour la grauité inſupporta-
ble deſdites impoſitions & les rigueurs
& ſubiettions auec leſquelles elles s'e-
xigent qu'à cauſe des abus & fraudes
qui ſe commettent en la perception &
pratique d'icelles, au lieu que noſtre
intention eſtoit faiſant ladite declaration, non de ſurcharger noſdits ſubiets ni les autres du redoublement de
ladite impoſition de trente pour cent,
mais pluſtoſt induire noſdits freres
par la conſideration commune du
bien & ſoulagement de noſdits Royaumes pays & ſubiets, à les deſcharger
enſemble du faix de l'vn & de l'autre,
& en ce faiſant reſtituer & rendre ledit commerce en noſdits Royaumes
pays & ſubiets auſſi libre & floriſſant

A iij

qu'il doit estre entre bons voisins, freres, amis & alliez tels que nous som-
mes estant l'vn des principaux fruicts
de la paix que Dieu nous a donnee, la-
quelle nous entendons entretenir,
garder & obseruer sincerement & de
bonne foy. Neantmoins voyans que
l'on continue à leuer lesdites imposi-
tions aux pays de nosdits freres, sans
faire demonstratiõs de vouloir les re-
uoquer ni regler, nous auons aduisé
redimer nostredit Royaume, pays &
subiects de la perte & vexation insup-
portable qu'ils en reçoiuét : au moyen
dequoy apres auoir mis cest affaire en
deliberatiõ en nostre Conseil d'Estat
où estoiét plusieurs Princes, Seigneurs
& autres grands & notables person-
nages de l'aduis d'iceluy & de nostre
certaine science, plaine puissance &
auctorité Royalle.

Nous auons pour les causes susdites,
iusques à ce que nosdits freres le Roy

d'Espagne & les Archiducs ayent des-
charge nosdits subiets du payement
de ladite imposition de trente pour
cent. Deffendu & deffendons par ces
presentes à tous nosdicts subiects de
quelque estat, qualité & condition
qu'ils soyent de mener, conduire &
transporter cy apres aux pays de l'o-
beissance dudit Roy d'Espagne &
desdicts Archiducs de Flandres, soit
par mer ou par terre, aucunes marchá-
dises quelles qu'elles soyent, mesmes
grains, vins, bestiaux de toutes especes
ni autres sortes de denrees en quelque
maniere que ce soit. Comme aussi
nous deffendons l'entree en nostredit
Royaume de toutes marchandises venans des lieux de l'obeissance de nosdicts freres, à peine de confiscation
desdictes marchandises & des navi-
res, vaisseaux, basteaux, chariots, cheuaux & charrettes qui en seront char-
gez, quelques passe-ports & permissiós

contraires à ces presentes que nosdits
subiects & ceux de nosdits freres puis-
sent auoir de nous ou des Gouuerneurs & Lieutenans Generaux de nos
Prouinces, Admiraux, Visadmiraux,
ou autres lesquels passeports & per-
missions dés à present côme dessors,
nous declarons nuls, & deffendons
d'y auoir aucun esgard. Et afin que
nostre intention soit plus diligemment, exactement & mieux executee;
Nous permettons à tous ceux qui seront aduertis de la contrauention qui
sera faite par nosdits subiects & ceux
de nosdits freres au contenu de la
presente declaration, de la venir de-
noncer & reueller à nos Iuges & officiers des lieux, & voulons que le tiers
des confiscations qui nous seront ad-
iugees contre les delinquans & trans-
gresseurs demeure & soit deliuré comme par ces presentes nous l'affectons
& ordónons aux denonciateurs vou-
lans

lans qu'ils soient payez dudit tiers des
premiers deniers qui prouiendront
de la vente desdites marchandises na-
uires, batteaux, vaisseaux, chariots,
cheuaux & charettes:dont nous char-
geons nosdits Iuges & officiers leurs
commandant faire fournir ledit tiers
ausdits denonciateurs sans attendre
surce autre commandement de nous
& pour le regard des subiets des autres Princes, potentats, republiques
villes & communautez ils pourront
trafiquer en cedit Royaume tout ain-
si qu'ils faisoient auparauant la publication de nostre presente ordonnance sans qu'il leur soit donné aucun
empeschement. Mais d'autant que
aucuns abusans de ladite liberté au
mespris de nostre ordonnance & au
preiudice de nostre dit Royaume pais
& subiets pourroient en chargeant
des marchandises en cedit Royaume
les faire apres transporter & condui-

B

re aufdits pays dudit Roy d'Efpagne
& defdits Archiducs de Flandres fous
couleur de les porter aux lieux où ils
font fubiets qui feroit entierement
deftruire l'effect de noftre prefente
intention: Nous pour y remedier voulons & entendons que tous eftrangers
fubiets defdits Princes potentats & republiques aufquels nous laiffons par
la prefente ordonnance la liberté de
trafiquer en noftredit royaume bail-
lent deuant qu'ils fortent des lieux où
ils auront chargé les marchandifes
qu'ils auront acheptees & voudront
tranfporter, bonnes & fuffifantes cau-
rions par deuant nos officiers defdits
lieux de raporter dedans le temps qui
leur fera pource prefix & limité par
nofdits officiers, eu efgard à la diftan-
ce des lieux, vne certification des officiers & magiftrats des villes & lieux
où ils pretendent porter lefdites mar-
chãdifes de la defcharge d'icelles auf-

dits lieux ou ils les voudront porter.
Dauantage nous voulons & entendons qu'où il se verifieroit qu'apres la
descente desdites marchandises esdits
lieux, l'on les eust a pres rechargees &
portees ausdits pays obeyssans ausdits
Roy d'Espagne & Archiducs de Flandres, que lesdites cautions en demeu-
rent responsables, & qu'il soit loisible
à nos Iuges & officiers d'agir contre
icelles & leur posterité, & afin qu'aucun ne se puisse excuser de n'auoir esté
aduerti du côtenu des presentes nous
voulons & entendons qu'elles soient
tenuës pour notifiees à toutes personnes quinze iours apres la publication
d'icelles par les bailliages & senéchauf-
fez de nostre Royaume pour ce qui
est de la terre & par les officiers de
l'Admirauté pour ce qui est des ports
de mer ausquels baillifs & seneschaux
& officiers de l'Admirauté & à chacun
d'eux endroit soy nous enioignons

faire faire ladite publication en toute
diligence & aux substituts de nos Pro-
cureurs generaux d'y tenir la main à
peine d'en respondre en leurs propres
& priuez nous. Si donnons en mandement à tous les Gouuerneurs &
Lieutenans generaux en nosdits Prouinces Admiraux Visadmiraux Baillis
ou Seneschaux Tresoriers de France
Preuost Iuges ou leurs lieutenans officiers de l'Admirauté & de nos trait-
tes Foraines Maistres de nos ports &
autres nos iusticiers & officiers qu'il
appartiendra & a chacun d'eux endroit soy que le contenu en cesdites
presentes ils gardent & obseruent &
facent garder & obseruer inuiolable-
ment & sans l'enfraindre cessans &
faisant cesser tous troubles & empeschement au contraire & tiennent la
main à ce que les denonciateurs de
ceux qui contreuiendront au contenu
de nosdits presentes ordonnances

soyent principalement payez & satis-
faits de leurdit droit de tiers de ladite
confiscation pour leur donner coura-
ge & moyen de nous seruir plus fide-
lement & diligemment sans y vser
d'aucune longueur ou conniuence. Et
par ce que de ces presentes l'on pour-
ra auoir affaire en plusieurs & diuers
lieux nous voulons qu'au vidimus d'i-
celles foy soit adioustée comme au
present original. Car tel est nostre
plaisir. En tesmoin dequoy nous auós
fait mettre nostre seau à cesdites presentes. Donné à Paris le huictiesme
iour de Feurier l'an de grace mil six
cens quatre , & de nostre regne le
quinziesme. Signé, HENRY.
& contresigné sur le reply.

Par le Roy, estant en son Conseil.
Signé,   POTIER.
Et sellé à double queuë du grand
seau de cire iaune.

*Collationné par moy Conseiller & Secre-
taire du Roy. Signé, DEGENNES.*

ES gens tenans l'Admirauté de
France, au siege general de la table
de marbre du Palais à Rouen. Sça-
uoir faisons que ce iourd'huy quatorziéme
iour de Feurier, mil six cens quatre. Veu &
deliberé l'Edit de sa Maiesté, donné à Paris
le huitiéme Feurier dernier. Contenant les
deffences faites à toutes personnes de quelque estat & condition qu'ils soient, de mener, conduire & transporter ci apres au païs
de l'obeissance du Roy d'Espagne & de l'Archiduc de Flandres, soit par mer ou par terre aucunes marchandises quelles qu'elles
soient, mesmes grains, vins, bestiaux de toutes especes, n'y autres sortes de denrees en
quelque maniere que ce soit sur les peines
portez par iceluy, ensemble les lettres de sadite Maiesté adressez à cedit siege, du neuf-
iesme de ce present mois & an, & autres du
Seigneur Admiral de France aussi adressez
en cedit siege le douziéme dudit mois, pour
en diligence faire proceder à la lecture & publication dudit Edit. Conclusion du Procu-
reur du Roy, & oy le rapport du Conseiller
commissaire. IL EST DIT que ledit
Edit & lettres de sadite Maiesté seront enre-
gistrees au Registre du greffe de ce siege
pour y auoir recours toutesfois & quantes.
Et ledit Edit publié sur les quais de ceste vil-

le & autres endroits accoustumez, à ce que
aucun n'en pretende cause d'ignorance. SI
DONNONS en mandement au premier
Huissier de la Court de Parlement, Huissier,
Sergeant de ladite Admirauté, ou autre Sergeant Royal premier sur ce requis ses presentes executer. Fait comme dessus.

Signé,   DE LA FAYE.

                          GVERIN.

ROBERT SIMON Huissier du Roy nostre SIRE, en son Admirauté de France, au siege general de la table de Marbre du Palais à Rouen. Certifie que ce iourd'huy Samedy quatorziéme de Feurier, mil six cens quatre, de matin heure de bourse, suiuant l'ordonnance ce iourd'huy donnee de Messieurs de ladite Admirauté, audit siege General de la table de Marbre du Palais à Rouen. Ie me suis transporté sur les quais de cest edite ville, & autres lieux accoustumees à faire publications, ausquels lieux i'ay fait lecture à son de trompe du contenu au vidimus de l'Edit. Donné par le Roy en son conseil, tenu à Paris le huitié-me iour de ce present mois & an, à ce qu'au-cun n'en pretende cause d'ignorance. Fait presence de Robert de Rost, trompette ordi-naire & autres.

Signé,   SIMON.